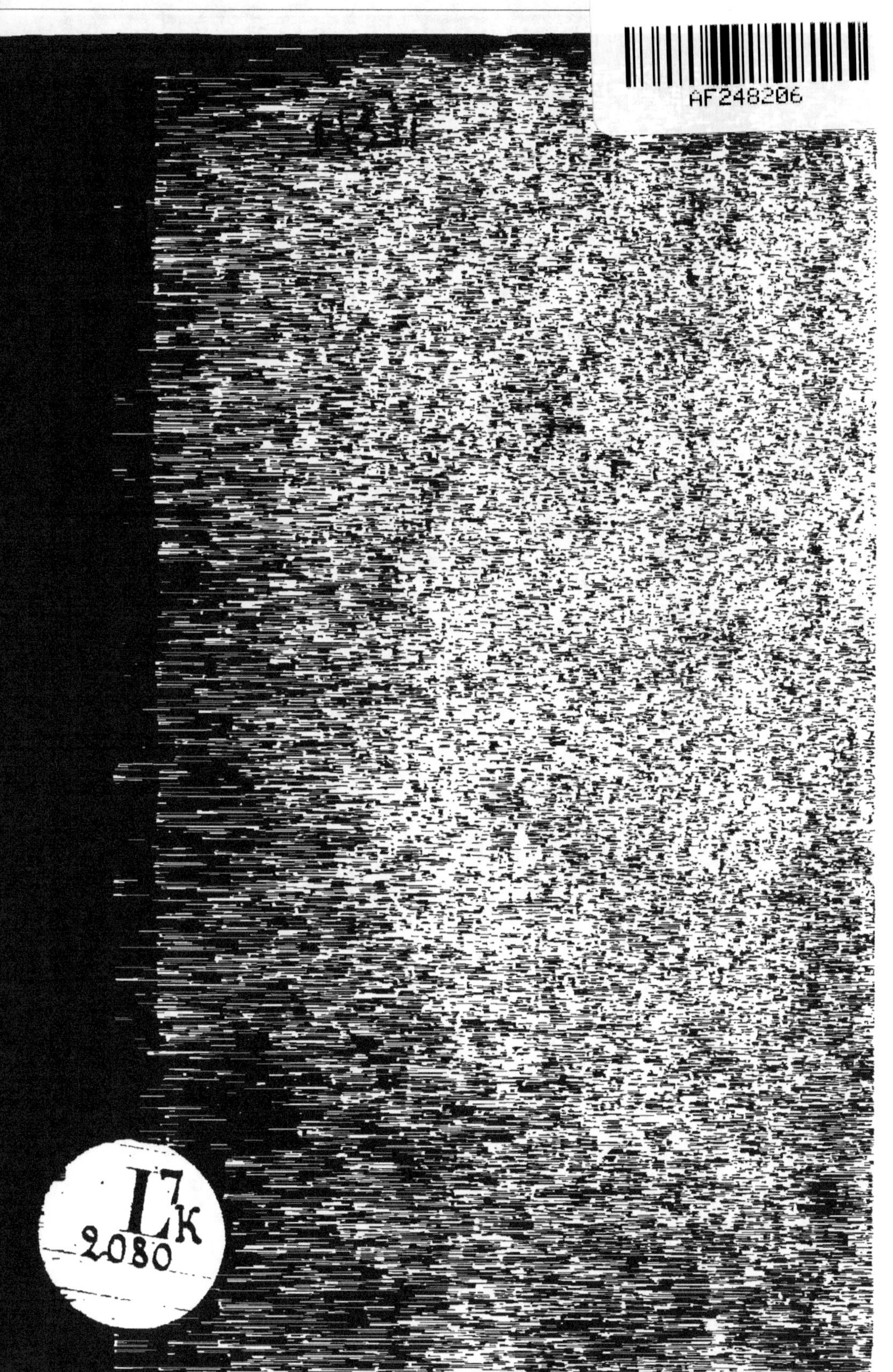

7

LK 2080.

EXPLICATION

HISTORIQVE,

QVI REPRESENTE

La Reuelation Miraculeuse, l'Inuen-
tion, Eleuation, & Tranſlation du
Corps ou Relique de Sainte Odile
Patrone de l'Ordre Sainte
Croix.

*Hiſtoire recüeillie, & miſe en Latin par les
RR. PP. Clamor Auerkamp Prieur du
Conuent de Sainte Croix de Cologne, &
Gerard à Lendt Prieur du Conuent de
Sainte Croix d'Emric ; Et traduite du La-
tin en François, par vn Religieux de Sain-
te Croix de la Bretonerie de Paris. 1656.*

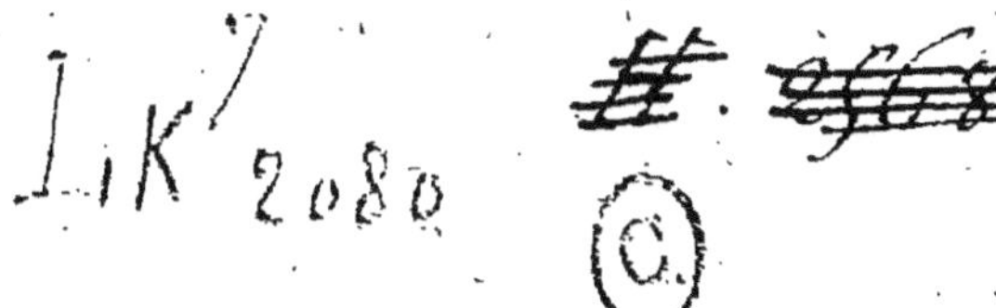

EXPLICATION
HISTORIQVE,

QVI REPRESENTE

*La Reuelation Miraculeuse, l'Inuention, Eleua-
tion, & Translation du Corps ou Relique de Sainte Odile, vne des principales Conductrices des
vnze mille Vierges, Fille du Roy Maromæe,
Couſin de Saint Æthere, eſpoux de Sainte Vr-
ſule, & Patrone de l'Ordre Sainte-Croix : par
d'heureuſe memoire Frere Iean Nouuellan de
Eppa, tres-deuot Religieux Conuers du Conuent de Sainte-Croix, dit de la Bretonnerie à
Paris.*

I. NE des principales Gouuer-
nantes de cette chaſte & fa-
meuſe troupe des vnze mille
Vierges, qui fût taillée en pie-
ces par les Huns, aux enuirons de Cologne
en Allemagne, eſtoit ſainte Odile, iſſuë de
ſang Royal; mais plus illuſtre en vertus, &

en sainteté : laquelle mesprisant les delices qu'vne haute fortune luy promettoit dans le monde, & les menaces qu'on luy faisoit pour la contraindre au mariage, prefera vn Epoux Celeste à vn mortel, & signa la foy de ce mariage incorruptible par l'effusiõ de son sang qu'vne cruelle fleche décochée par la main d'vn Barbare iusques dans son cœur tira de ses veines, & ainsi par vn autre mariage sacré, elle ioignit l'Aureole de la Virginité à la Couronne d'vn glorieux Martyre.

2. Ceste saincte Vierge Reyne & Martire, apres qu'vn miracle solennel eut mis les Barbares en fuitte, fût comme le reste de ses Bien-heureuses compagnes inhumée honorablement par les Citoyens de Cologne, au lieu qui est entre l'Eglise de sainct Gereon, & celle qui est à present de Sainte Vrsule, auec vne phiolle aupres d'elle, dans laquelle estoit vn billet, où estoit escrit, & son nom & son extraction, & le lieu de son illustre naissance, & demeura caché dans les tenebres sous terriennes, iusque à ce qu'il pleust à la bonté de Dieu de reueler le thresor sacré, où estoit enfermée cette pretieuse perle, à vn tres-bon Religieux frère Conuers du Conuent de Sainte-Croix à Paris, appellé Iean Nouuellan de Eppa.

3. Ce bon Religieux dans cette maison
que saint Louys, grand amateur & tres Religieux adorateur de la Sainte Croix, auoit
fondé à Paris en l'an mil deux cens cinquan-
te-huict au lieu appellé Sorbone, à cause du
Comte Federic de Sorbone qui en estoit
legitime possesseur, auec qui il fit eschange
d'vn lieu qui estoit pour lors hors de Paris,
& qui est à present la petite Sorbone : s'exer-
çoit beaucoup à la deuotion, & n'auoit
rien de si cher que sa petite Cellule, qui luy
donnoit veuë dans l'Eglise : Il est à croire
que cet homme de Dieu auoit grande vene-
ration pour les reliques des saints, puis qu'on
void par témoignages tres autentiques,
qu'en l'année mil deux cens quatre-vingt
six, il fit en sorte de faire leuer de terre, & de
tirer de la poussiere quantité de Reliques
de corps sacrez, qui auoient esté inhumez
aux enuirons de Cologne, & de les placer
honorablement dans diuerses eglises Colle-
giales : l'année suiuante à sçauoir mil deux
cens quatre-vingt sept, la Bien-heureuse
Reyne, Vierge, & Martyre Sainte Odile
s'apparut à luy toute rayonnante, & l'ayant
instruit de son nom & de sa qualité, l'aduer-
tit & l'exhorta de se transporter à Cologne,
de s'addresser à la maison d'vn noble Ci-

toyen des fauxbourgs de cette ville, nommé Arnulphe tout ioignant l'Eglife de faint Gereon : de foüir aupres, & deffous cette maifon, où il deuoit trouuer fes reliques, de les tranfporter à Huy, & luy ayant monftré le figne de la Croix, luy promit de fe rendre à iamais la Patrone & Tutrice de cét Ordre, quelle prenoit dés lors fous fa protection. Frere Iean va trouuer dés le lendemain le R. P. Martin Herlet Prieur du Cónuent, luy raconte fa vifion auec humilité, & pour refponfe, il luy dit, que c'eft vne legereté d'efprit de croire fi facilement, & d'adioufter foy à ces reuelations ; qu'il faut efprouuet par la patience fi elles partent de l'efprit de Dieu ; noftre bon Religieux s'incline doucement deuant fon Superieur, & retourne en fa Cellule.

4. Vne autre fois la mefme fanite Odile fe reprefente encores à luy, lors qu'il eftoit en priere deuant fon oratoire, luy reproche le peu de cas qu'il auoit fait de fon commandement, & luy remonftre mefme que fes foupçons font iniurieux à la Croix, dont elle luy auoit monftré vn figne fi euident. Ce qu'ayant derechef raconté à fon Superieur, il n'eut point d'autre refponce, finon que c'eftoit le diable qui fe transfiguroit en Ange

de lumiere ponr abuſer ſon petit eſprit ; que
au reſte s'il eſtoit ſi attaché à ces viſions, qu'il
en attendit vne troiſiéme au nom de la tres-
Sainte Trinité, & meſme il l'exhorte de la
demander à Dieu par ſes prieres ; le Religieux ſe ſoûmet cette fois comme les autres,
& pourſuit ſes œuures de deuotion & d'humilité.

5. Le Prieur cependant eſtant ſans doute
touché interieurement, ordonne le ieuſne &
l'oraiſon à tous ſes Religieux, pour ſe rendre
capables de receuoir vn ſi grand bien-fait,
s'il plaiſoit à Dieu de les en gratifier.

6. Mais que le retardement eſt ſouuent
nuiſible & deſauantageux dans les affaires
du Ciel ! Noſtre Frere Iean commence à
douter, il chancelle, il heſite. Quoy, dit-il,
eſt-il poſſible qu'vne ſi grande ſainte, qu'vne
Reyne, qu'vne Martyre, qu'vne ſainte Odile voulut ſe ſeparer de ſes Compagnes, &
quitter vn ſi beau & ſi celebre lieu comme la
ville de Cologne, pour faire tranſporter les
pretieuſes reliques de ſon Corps en vne petite Chapelle de S. Thibaut ? C'eſtoit pour
lors la premiere fondation de la premiere
maiſon de Sainte-Croix de Huy, appellé à
preſent Clairlieu. Dans cette perplexité vn
peu irreligieuſe, il ſe void mocqué, & ſe ſent

mefme frappé rudement iufques à playe fai-
te, il reuient de fon infidelité, & ayant inuo-
qué fa bonne fainte Odile, elle luy apparoift
pour la troifiéme fois, elle le raffeure, le
confole, l'exhorte d'accomplir fon premier
commandement ; Il ne luy falloit plus de
bouche pour déclarer fa vifion celefte à fon
Superieur; Il luy montre fes playes, & fon
corps tout noir comme fi on l'auoit long-
temps battu, voila vne fenfible preuue de
la verité qui luy obtient la permiffion d'aller
où le Ciel l'appelloit.

7. S'eftant donc difpofé apres s'eftre
duëment confeffé & muny du facré Viati-
que, receuant le Pere Louys Campe pour
fon adioint auec leur obedience, & les bon-
nes exhortations que le Superieur leur fit de
ne rien mefprifer pour le feruice de Dieu,
qui veut eftre glorifié en fes faints, ayans re-
çeu fa benediction, ils fe mettent en chemin
bien ioyeux & fatisfaits.

8. Ils arriuent à Huy, faluent humble-
ment le Reuerendiffime Pere Iean Richius,
pour lors General de l'Ordre, ils luy mon-
trent leur obedience, & luy declarent le fu-
jet de leur voyage.

9. Dont ayant receus auffi dautres lettres de recommandation, ils pourfuiuent
leur

leur chemin vers Cologne, qu'ils voyent de
loin auec de nouueaux mouuemens de ioye
& de deuotion.

10. Ils entrent dans la ville, & sans perdre
temps demandent où est l'Eglise de saint
Gereon ; ils se font conduire à la maison
d'Arnulphe, qu'ils trouuent dans son verger,
où il se recreoit ordinairement, ils luy declarent leur dessein, la cause de leur voyage,
& la volonté du Ciel ; Arnulphe à l'ordinai-
re des mondains se mocque de la vision &
des visionnaires, & ne veut pas permettre
qu'on fossoye son lieu de plaisance ; au con-
traire sa femme le prie d'écouter ces bons
Religieux, & de satisfaire à leurs pieux de-
sirs.

11. Il se rend plus à l'importunité de sa
femme qu'aux prieres de nos voyageurs, qui
sans perdre temps enfoncent & creusent la
terre en presence d'Arnulphe, & de toute
sa famille : Ils ne peinerent pas long temps,
Voila des vases sacrez qui paroissent, & la
terre comme toute rouge de sang : Voila la
tombe de la Reyne qu'ils cherchent. Aussi
tost iettans les genoux en terre, & les yeux
au Ciel, ils rendent graces à Dieu de ce
bien-fait : Ce thresor estant découuert, le
Pere Louys auec le frere Iean va trouuer

l'Archeuesque Sifredus, raconte ce qui est
arriué, & ce Prelat auec le Clergé ne mes-
prifant point cette occafion, où il y alloit de
la gloire d'vne si grande fainte, se difpofe à
l'aller leuer de terre, le bruit du miracle
amaffa vne foulle incroyable de peuples de
toutes fortes de conditions.

12. L'Archeuesque auec tout le Clergé
en bel ordre arriue au lieu, & dans le champ
où le threfor qui auoit efté caché eftoit heu-
reufement découuert, il defcend luy mefme
auec Frere Iean Nouellan dans la foffe, Ils
découurent les corps des Saintes Odile, &
Ide, aupres de celuy de Sainte Odile, il trou-
ue la phiolle, dont il tire le billet, qui por-
toit fon nom & fa qualité efcrites, qu'il leut
à tous les affiftans & cette phiolle fe void
encores aujourd'huy, fans fçauoir de quelle
matiere elle eft, & contient vne eauë beni-
fte, dont les malades qui en font arrofez
font gueris de plufieurs maladies (vne odeur
tres - agreable fort de cette tombe, &
c'eft chofe admirable, que le voifin d'Arnulphe tout agonifant qu'il eftoit par vn ef.
fort, extraordinaire fe traifnant iufques au
lieu facré, reçeut la fanté entiere : les qua-
tres premiers Ecclefiaftiques en dignité
portent ces reliques, que frere Iean auoi

enueloppez dans vn ſatin rouge, à la Sacri-
ſtie de Saint Pierre.

13. Cette nouuelle eſtoit trop bonne pour
eſtre ſecrette & cachée à la poſterité : Mon-
ſieur l'Official voulut que ce miracle fut eſ-
crit autentiquement, & en donna des lettres
bien ſignées & paraphées à Frere Iean Nouellan, comme il appert par le Breuiere de
l'Ordre de Sainte-Croix au iour & feſte de la
Tranſlation de Sainte Odile, le Pere Louys
& frere Iean bien munis de ces lettres teſti-
moniales & tres autentiques partent de Cologne, & portans ſur leurs eſpaules les ſa-
crées reliques de ſainte Odile, & d'autres
Religieux du meſme Ordre en portans d'autres, arriuent à vn Monaſtere de Religieu-
ſes de l'Ordre de Ciſteaux proche Herſel,
& y paſſent la nuict ayant mis les Reliques
dans l'Egliſe auec beaucoup de Reuerence ;
Icy eſt à remarquer qu'vne Religieuſe malade & paralitique depuis long-temps, ſe fit
porter à l'Egliſe, ou baiſant & rebaiſant de
bouche & de cœur les ſacreés reliques, elles
leur fit enfin payer leur giſte, & obtint la
ſanté par leur interceſſion, en foy dequoy
on erigea vne image en boſſe de Sainte Odile qui ſe void encores auiourd'huy ſur le
Maiſtre Hoſtel.

B ij

14. Nos heureux Pelerins decampent de grand matin, ils euſſent deſia voulu eſtre arriuez, chargez de leurs threſors: Ils paſſent auec ſilence & petit bruit dans Liege, ils voyent deſia Huy, le Pere Louys à qui vne ſainte ioye donnoit des aiſles, fut auſſi toſt au Reuerendiſſime Pere General pour l'aduertir du fait, heureuſement pour lors eſtoit conuoqué le Chapitre general, la feſte en fut plus ſolemnelle, on court au deuant, les Chanoines & tous les Religieux de Huy ſe ioignent aux croiſiers, & tout le peuple enſemble ſort de la ville en foule pour aller au deuant d'vn ſi pretieux Threſor, cette foule de peuple fit cette fois la vne confuſion aduantageuſe, & quaſi toute myſterieuſe, parce qu'à force de baiſer & toucher & de s'approcher des Reliques le iour s'eſcoula inſenſiblement, & la nuict monſtrant deſia ſon creſpe noir, on trouua à propos comme on eſtoit encores vn peu eſloigné de la ville de Huy, de repoſer les Reliques dans l'Egliſe Saint Pierre la Paroiſſe, où en effet on paſſa la nuit en priere.

15. Voicy donc que le lendemain iour de l'exaltation Sainte Croix, feſte ſolemnelle dans l'Ordre on recommence la ſolemnité: Preſtres, ſeculiers, Religieux, hommes,

femmes, grands & petits, toute la ville de
Huy fait monftre, les Definiteurs de l'Ordre Sainte Croix, (& la couftume n'en eft
pas encore efteinte) fe chargent des pretieu-
fes reliques de Sainte Odile, les autres Religieux en fuite portent les autres ; on paffe
de la Parroiffe faint Pierre à l'Eglife Colle-
giale de Noftre-Dame, & dans ce chemin
yne malade touchant le coffre facré reçeut
guerifon, les voix chantent le *Te Deum*, les
cierges allumez éclairent le iour, la fumée
de l'encens l'obfcurcit, les prieres, les vœux
& les foupirs de tous les affiftans fendent
l'air, & montent iufques au Ciel.

16. Enfin Illuftre Maifon de Clairlieu,
chef d'vn faint Ordre, tu vas eftre éclairée,
clarifiée, & annoblie par la préfence de ces
faintes Reliques, dont le Ciel fe fait vn beau
& riche prefent : On les porte dans ce lieu
facré, où auec celle de fainte Ide fœur de
Sainte Odile on les enchaffe richement, &
on les place honnorablement, les miracles
frequents qui s'y font faits, & qui s'y font
tous les iours, font les autentiques témoins
de toutes ces veritez : Tefmoing de frefche
memoire, la deuotion particuliere du Reuerendiffime Archeuefque, Prince, Electeur
de Cologne, Ferdinand Duc de Bauiere,

Euesque & Prince de Liege, qui se refugia
audit Conuent de Clairlieu en l'année mil
six cens trente. vn pour demander la paix &
la tranquillité dans son Diocese, qu'il obtint par l'intercession de la glorieuse Royne
Vierge & Martyre, où sa liberalité laissa vne
belle lampe d'argent pour la Chapelle de
ladite Sainte & Patrone Odile.

Grande Sainte priez pour nous.

✠

BEnedictio Panis, aquæ, Vini in honorem Sanctæ Odiliæ Ordinis Sanctæ Crucis Patronæ, iuxta quam multi infirmi à febribus & diuersis languoribus in domo primaria huyensi, vbi ipsius reseruantur reliquiæ, curantur.

℣. Adiutorium nostrum in nomine Domini.

℞. Qui fecit Cœlum & terram.

℣. Sit nomen Domini benedictum.

℞. Ex hoc nunc & vsque in sæculum.

OREMVS.

O Gloriose Adonai per quem reguntur creaturæ atque consistunt omnia, adesto piis Ecclesiæ tuæ præcibus, & præsta: vt hæc creatura panis, aquæ vel vini, quam in conspectu tuo benedicendam offerrimus, habeat virtutem contra vim febrium, & contra omnem morbum, corporisque infirmitatem, eamque per merita & intercessiónes Gloriosæ Virginis ac Martyris tuæ Odiliæ ad salutem populi tui, (vel Famuli tui (vel

Famulæ tuæ) veritas tua sancti+ficet, vt deuotus iste populus tuus (vel) famulus tuus, (vel) deuota ista famula tua in vsum eam suscipiens benedictionis tuæ gratiâ plenam consequi sanitatem mereatur præstante Domino Iesu Christo. Qui tecum viuit & regnat in vnitate spiritus sancti Deus. Per omnia sæcula sæculorum. Amen.

BIBLIOTHEQUE NATIONALE DE FRANCE
3 7531 02921338 7